AF277302

Todos los libros de Linkgua Ediciones cuentan con modelos de Inteligencia Artificial entrenados por hispanistas. Pregúntale al chat de tu libro lo que desees acerca de la obra o su autor/a.

Para ebooks: Accede a nuestro modelo de IA a través de un enlace.

Para libros impresos: Escanea el código QR de la portada con tu dispositivo móvil.

Obtén análisis detallados de nuestros libros, resúmenes, respuestas a tus preguntas y accede a nuestras ediciones críticas generativas para una experiencia de lectura más enriquecedora.
La transparencia y el respeto hacia la autoría de las fuentes utilizadas son distintivos básicos de nuestro proyecto. Por ello, las respuestas ofrecen, mediante un sistema de citas, las fuentes con las que han sido elaboradas.

Juan Bautista Alberdi

Ideas para presidir
un curso de filosofía contemporánea

Barcelona 2025
Linkgua-ediciones.com

Créditos

Título original: Ideas para presidir un curso de filosofía contemporánea.

© 2025, Red ediciones S.L.

e-mail: info@linkgua.com

Diseño de la colección: Michel Mallard.

ISBN rústica ilustrada: 978-84-9007-442-8.
ISBN ebook: 978-84-9897-905-3.

Sumario

Brevísima presentación

La vida
Juan Bautista Alberdi (Tucumán, 1810-París, 1884). Argentina.

Era hijo de un comerciante español y de Josefa Aráoz, de la burguesía tucumana. Su familia apoyó la revolución republicana; Belgrano frecuentaba su casa y Juan Bautista lo consideró un gran militar y un padrino, dedicando numerosas páginas a defender su figura. Esta actitud lo hizo polemizar con Mitre, y ganarse la enemistad de Domingo Faustino Sarmiento.

Alberdi estudió en el Colegio de Ciencias Morales de Buenos Aires y abandonó los estudios en 1824. Por esa época, se interesó por la música. Poco después estudió derecho y en 1840 recibió su diploma de abogado en Montevideo.

Fue autodidacta. Rousseau, Bacon, Buffon, Montesquieu, Kant, Adam Smith, Hamilton y Donoso Cortés influyeron en él. En 1840 marchó a Europa. Volvió en 1843 y se asentó en Valparaíso (Chile) donde ejerció la abogacía. En otro de sus viajes a Europa como diplomático, pretendió evitar que las naciones europeas reconocieran a Buenos Aires como nación independiente y se entrevistó con el emperador Napoleón III, el Papa Pío IX y la reina Victoria de Inglaterra. Mitre y Sarmiento lo odiaron.

Alberdi vivió entonces fuera de Argentina y regresó en 1878, cuando fue nombrado diputado nacional. Había sido diplomático durante catorce años. Las cosas habían cambiado: Sarmiento envió a su secretario personal a recibirle y lo abrazó. Sin embargo, los mitristas impidieron que fuera otra vez nombrado diplomático, en esta ocasión en París. Murió en un suburbio de dicha ciudad el 19 de junio de 1884.

La filosofía

En el proyecto intelectual de Alberdi parece inevitable la puesta en escena de la filosofía como ciencia de las causas últimas y como respuesta a los tremendos conflictos del continente americano durante el siglo XIX.

La Argentina de entonces, ávida de razones y de leyes, debería encontrar en la prédica de Alberdi referencias para orientar su actividad política y espiritual. Nuestro autor se pregunta:

¿Qué son estas cosas en su naturaleza; por qué son como son; qué leyes las gobiernan; qué destinos las rigen en el mecanismo de lo criado; qué medios posee el hombre para conocerlas; qué conquistas cuenta en la carrera de sus investigaciones?

Ideas para un curso de filosofía

La primera dificultad que se presenta al ocuparse de la filosofía, es no solamente la falta de un texto, la falta de un cuerpo completo de doctrina filosófica, sino la falta de una definición misma, de una noción de la ciencia filosófica: esta observación ha sido hecha por Jouffroy.

Cada escuela famosa la ha definido a su modo, como la ha comprendido y formulado a su modo.

Esta divergencia es peculiar a las primeras épocas de la filosofía como a sus actuales días.

No obstante, si queremos darnos cuenta de lo que han hecho Platón y Aristóteles, Descartes y Bacon, Kant y Cousin, cada vez que han filosofado, veremos que no han hecho otra cosa que tentar la solución del problema del origen, naturaleza y destinos de las cosas. Así, la filosofía ha podido tomarse como la totalidad de la ciencia humana.

Sin embargo, aquellos ramos de la filosofía que se han consagrado al estudio de las cosas más exteriores al hombre, de las físicas y materiales han tomado la denominación de ciencias naturales y físicas. Y se han reservado como por antonomasia el nombre de ciencias filosóficas aquellos ramos del saber que se han dedicado al estudio de los fenómenos del espíritu humano. Es así como lo bello, lo bueno, lo justo, lo verdadero, lo santo, el alma, Dios, han sido y son las cosas que han absorbido casi exclusivamente la atención de lo que se ha llamado filosofía.

¿Qué son estas cosas en su naturaleza; por qué son como son; qué leyes las gobiernan; qué destinos las rigen en el mecanismo de lo criado; qué medios posee el hombre para conocerlas; qué conquistas cuenta en la carrera de sus investigaciones? He aquí lo que la filosofía se agita por resolver desde tres mil años; y sobre lo que no ha conseguido apenas sino fijar las cuestiones. La filosofía, pues, como ha dicho el filósofo más contemporáneo, Mr. Jouffroy, está por nacer.

No hay, pues, una filosofía universal, porque no hay una solución universal de las cuestiones que la constituyen en el fondo. Cada país, cada época, cada filósofo ha tenido su filosofía peculiar, que ha cundido más o menos, que ha durado más o menos, porque cada país, cada época y cada escuela han dado soluciones distintas de los problemas del espíritu humano.

La filosofía de cada época y de cada país ha sido por lo común la razón, el principio, o el sentimiento más dominante y más general que ha gobernado los actos de su vida y de su conducta. Y esa razón ha emanado de las necesidades más imperiosas de cada período y de cada país. Es así como ha existido una filosofía oriental, una filosofía griega, una filosofía romana, una filosofía alemana, una filosofía inglesa, una filosofía francesa y como es necesario que exista una filosofía americana. Así es como se ha visto una filosofía de Platón, una de Zenón, una de Descartes, otra de Bacon, otra de Locke, otra de Kant, otra de Hegel, filosofía del Renacimiento, filosofía del siglo XVIII, filosofía del siglo XIX.

No hay, pues, una filosofía en este siglo; no hay sino sistemas de filosofía: esto es, tentativas más o menos parciales de una filosofía definitiva. La filosofía de este siglo se puede concebir como un conjunto de sistemas especiales más o menos contradictorios entre sí. ¿Qué es conocer la filosofía de este siglo? Conocer a Fichte, a Hegel, a Stuart, a Kant, a Cousin, a Jouffroy, a Leroux, etc. Hay filósofos, pero no filosofía; sistemas, no ciencia. Si fuese preciso determinar el carácter más general de la filosofía de este siglo diríamos que ese carácter consiste en su situación negativa. La filosofía del día es la negación de una filosofía completa existente, no de una filosofía completa posible, porque de otro modo la filosofía del día sería el escepticismo, sin excluir el eclecticismo mismo, porque de lo contrario sería reconocer una filosofía. ¿Qué utilidad puede tener una filosofía semejante? La de sustraernos de la dominación de un orden de principios, que pudiésemos considerar como la verdadera filosofía, sin ser otra cosa que un sistema; la de sustraernos de la influencia exclusiva de un sistema, librándonos así de la guerra con los sistemas rivales a quienes debemos paz y tolerancia. La regla de nuestro siglo es, no hacerse matar por sistema alguno: en filosofía, la tolerancia es la ley de nuestro tiempo.

En el deber de ser incompletos, a fin de ser útiles, nosotros nos ocuparemos solo de la filosofía del siglo XIX; y de esta filosofía misma excluiremos todo aquello que sea menos contemporáneo y menos aplicable a las necesidades sociales de nuestros países, cuyos medios de satisfacción deben suministrarnos la materia de nuestra filosofía.

Para nosotros la filosofía del siglo XIX en Europa, se compondrá de los distintos sistemas que en Alemania, Escocia y Francia han sido formulados por Kant, Hegel, Stuart, Cousin, Jouffroy, etc.

Nos acercaremos directamente a la Alemania y a la Escocia lo menos que nos sea posible: nada menos propio que el espíritu y las formas de] pensamiento del Norte de Europa, para iniciar en los problemas de la filosofía a las inteligencias tiernas de la América del Sur.

El pueblo de Europa que por las formas de su inteligencia y de su carácter está destinado a presidir la educación de estos países es sin contradicción la Francia: el mediodía mismo de la Europa le pertenece bajo este aspecto; y nosotros también meridionales de origen y de situación, pertenecemos de derecho a su iniciativa inteligente.

Por fortuna en la actual filosofía francesa se encuentran refundidas las consecuencias más importantes de la filosofía de Escocia y de Alemania; de modo que habiendo conseguido orientarnos de la presente situación de la filosofía en Francia, podremos estar ciertos de que no quedamos lejos de las ideas escocesas y germánicas.

Tres grandes escuelas filosóficas se han dejado conocer en Francia en este siglo: la escuela sensualista, tradición del siglo pasado, la escuela mística y la escuela ecléctica.

A estas escuelas se agregan otras menos importantes y menos famosas, y que han nacido después de la revolución de Julio.

La escuela sensualista que cuenta por sus representantes más modernos a Cabanis, no obstante pertenezca al siglo pasado, a Desttut de Tracy, Volney, Garat, Lancelín, Broussais, Gall y Asais, será representada en nuestra enseñanza por aquel de éstos que por la extensión de sus vistas, haya comprendido a todos los de su familia.

La escuela mística representada por de Maistre, Lamennais, Bonald, d'Eckstein, Ballanche y Saint Martín, será estudiada en el representante más ruidoso y más pronunciado.

La escuela ecléctica que cuenta por órganos a Berardi, a Nirvey, Kretry, Messías, Dron, de Gerando, Bonstitten, Ansillon, La Moriguieri, Main de Biran, Roger-Collard, Cousin y Jouffroy, nos será conocida en su expositor más afamado.

Y la escuela que podríamos denominar de Julio, que ha sido representada por Lerroix, Carnot, Lerminier, etc., será también estudiada en su propagador más elocuente.

Una revista rápida de estos sistemas nos pondrá en estado de determinar los grandes rasgos que deben caracterizar a la filosofía más adecuada a la América del Sur. Trataremos de señalar las grandes exigencias de la sociedad americana; nos ocuparemos del problema de los destinos de este continente en el drama general de la civilización, principiando por tocar el problema de los destinos humanos que es la más alta fórmula de filosofía, no siendo las demás ciencias humanas sino los términos sueltos de este problema.

La filosofía ha dividido este problema para resolverle. De ahí la moral que investiga el destino del hombre en la tierra: la religión, que busca su destino antes y después de la vida: la filosofía de la historia que estudia el destino de la especie humana: la cosmología, el origen y las leyes del universo: la teología, la naturaleza del Dios y sus relaciones con el hombre y con la creación; de ahí, en fin, el derecho natural, el derecho político, el derecho de gentes, etc., que no son sino ramos subalternos del estudio de los destinos humanos.

Aplicaremos a la solución de las grandes cuestiones que interesan a la vida y destinos actuales de los pueblos americanos la filosofía que habremos declarado predilecta. Si en esta aplicación somos incompletos, como es de necesidad que seamos, nos habrá servido ella, a lo menos, para darnos la habitud de encaminar nuestros estudios hacia nuestras necesidades especiales y positivas.

Esto nos lleva a un examen crítico de los publicistas y filósofos sociales europeos, tales como Bentham, Rousseau, Guizot, Constant, Montesquieu y otros muchos. Será la oportunidad de explicar y refutar a Donoso Cortés, que por su elocuencia promete en sus ideas un ascendiente entre nosotros, siendo inaplicables en estos países de democracia, aunque adaptables a las exigencias monárquicas de la España.

Así la discusión de nuestros estudios será más que en el sentido de la filosofía especulativa, de la filosofía en sí; en el de la filosofía de aplicación, de la filosofía positiva y real, de la filosofía aplicada a los intereses sociales, políticos, religiosos y morales de estos países. En el terreno de la filosofía favorita de este siglo: la sociabilidad y la política. Tal ha sido la filosofía como lo ha notado Damiron en manos de Lamennais, Lerminier, Tocqueville, Jouffroy, etc. De día en día la filosofía se hace estadista, positiva, financiera, histórica, industrial, literaria en vez de ideológica y psicológica: ha sido definida por una alta celebridad del pensamiento nuevo, la ciencia de las generalidades.

Tocaremos, pues, de paso la metafísica del individuo para ocuparnos de la metafísica del pueblo. El pueblo será el grande ente, cuyas impresiones, cuyas leyes de vida y de movimiento, de pensamiento y progreso trataremos de estudiar y de determinar de acuerdo con las opiniones más recibidas entre los pensadores más liberales de nuestro siglo, y con las necesidades más urgentes del progreso de estos países.

Y desde luego partiendo según esto de las necesidades más fundamentales y sociales de nuestros países en la hora en que vivimos, los objetos de estudio que absorban nuestra atención, serán: 1°. La organización social cuya expresión más positiva es la política constitucional y financiera. 2°. Las costumbres y usos cuya manifestación más alta es la literatura. 3°. Los hechos de conciencia, los sentimientos íntimos, cuyo doble reflejo es la moral y religión. 4°. La concepción del camino y de los destinos que la providencia y que el siglo señalan a nuestros nuevos estados, cuya revelación pediremos a la filosofía de nuestra historia y a la filosofía de la historia general. Así, pues, derecho público y finanzas, literatura, moral, religión e historia: he aquí los objetos de que nos ocuparemos

en los seis meses de este curso. Pero el derecho público, las finanzas, la literatura, la religión, la historia en sus leyes más filosóficas y más generales, en su razón de conducta y de desarrollo, digámoslo así; y no en su forma más material y positiva. De otro modo no se diría que hacíamos un curso de filosofía. Vamos a estudiar la filosofía evidentemente: pero a fin de que este estudio, por lo común tan estéril, nos traiga alguna ventaja positiva, vamos a estudiar, como hemos dicho, no la filosofía en si, no la filosofía aplicada al mecanismo de las sensaciones, no la filosofía aplicada a la teoría de las ciencias humanas, sino la filosofía aplicada a los objetos de un interés más inmediato para nosotros; en una palabra, la filosofía política, la filosofía de nuestra industria y riqueza, la filosofía de nuestra literatura, la filosofía de nuestra religión y nuestra historia. Decimos de nuestra política, de nuestra industria, en fin, de todas aquellas cosas que son nuestras, porque lo que precisamente forma el carácter y el interés de la enseñanza que ofrecemos es que ella se aplica a investigar la razón de conducta y de progreso de estas cosas entre nosotros.

El estudio del hombre comienza a descender de su boga en nuestro siglo, a la par del análisis que cede sucesivamente su lugar a la síntesis. El hombre exterior, el hombre en presencia de sus destinos, de sus deberes y derechos sobre la tierra: he aquí el campo de la filosofía más contemporánea: ha sido y es el fin de todos los filósofos y de todas las filosofías. Platón, Aristóteles, Cicerón, Bacon, Leibniz, Locke, Kant, Condillac, Jouffroy, han concluido por ocuparse de la política y de la legislación: tal es el curso más reciente de la filosofía en Alemania y en Francia, como lo nota Sainte-Beuve.

En América no es admisible la filosofía en otro carácter. Si es posible decirlo, la América practica lo que piensa la Europa.

Se deja ver bien claramente, que el rol de la América en los trabajos actuales de la civilización del mundo, es del todo positivo y de aplicación. La abstracción pura, la metafísica en sí, no echará raíces en América. Y los Estados Unidos del Norte han hecho ver que no es verdad que sea indispensable de anterioridad de un desenvolvimiento filosófico, para conseguir un desenvolvimiento político y social.

Ellos han hecho un orden social nuevo y no lo han debido a la metafísica. No hay pueblo menos metafísico en el mundo, que los Estados Unidos, y que más materiales de especulación sugiera a los pueblos filosóficos con sus admirables adelantos prácticos.

Así nosotros, partiendo de las manifestaciones más enérgicas y más evidentes de nuestra constitución externa, escuchando el grito salido del hombre, que por todas partes dice: soy personal, soy idéntico, sensible, activo, inteligente y libre, y debo marchar eternamente en el progreso de estos grandes atributos, trataremos según esta ley de nuestra naturaleza que se nos da a conocer por intuición y por sentimiento de explicar las condiciones más simples de un movimiento social, político, industrial y literario, el más propio para llegar a la satisfacción de las necesidades más generales de estos países en estas materias.

Nuestra filosofía, pues, ha de salir de nuestras necesidades. Pues según estas necesidades, ¿cuáles son los problemas que la América está llamada a establecer y resolver en estos momentos?—Son los de la libertad, de los derechos y goces sociales de que el hombre puede disfrutar en el más alto grado en el orden social y político; son los de la organización

16

pública más adecuada a las exigencias de la naturaleza perfectible del hombre, en el suelo americano.

De aquí es que la filosofía americana debe ser esencialmente política y social en su objeto, ardiente y profética en sus instintos, sintética y orgánica en su método, positiva y realista en sus procederes, republicana en su espíritu y destinos.

Hemos nombrado la filosofía americana, y es preciso que hagamos ver que ella puede existir Una filosofía completa es la que resuelve los problemas que interesan a la humanidad. Una filosofía contemporánea es la que resuelve los problemas que interesan por el momento. Americana será la que resuelva el problema de los destinos americanos. La filosofía, pues, una en sus elementos fundamentales como la humanidad, es varia en sus aplicaciones nacionales y temporales. Y es bajo esta última forma que interesa más especialmente a los pueblos. Lo que interesa a cada pueblo es conocer su razón de ser, su razón de progreso y de felicidad, y no es sino porque su felicidad individual se encuentra ligada a la felicidad del género humano. Pero su punto de partida y de progreso es siempre su nacionalidad.

Nos importa, ante todo, darnos cuenta de las primeras consideraciones necesarias a la formación de una filosofía nacional. La filosofía, como se ha dicho, no se nacionaliza por la naturaleza de sus objetos, procederes medios y fines. La naturaleza de esos objetos, procederes, etc., es la misma en todas partes. ¿Qué se hace en todas partes cuando se filosofa? Se observa, se concibe, se razona, se induce, se concluye. En este sentido, pues, no hay más que una filosofía. La filosofía se localiza por sus aplicaciones especiales a las necesidades propias de cada país y de cada momento. La filosofía se localiza por el carácter instantáneo y local de los problemas que importan especialmente a una nación, a los cuales presta la forma de sus soluciones. Así, la filosofía de una nación proporciona la serie de soluciones que se han dado a los problemas que interesan a sus destinos generales. Nuestra filosofía será, pues, una serie de soluciones dadas a los problemas que interesan a los destinos nacionales; o bien, la razón general de nuestros progresos y mejoras, la razón de nuestra civilización; o bien la explicación de las leyes, por las cuales debe ejecutarse el desenvolvimiento de nuestra nación; las leyes por las cuales debemos llegar a nuestro fin, es decir, a nuestra civilización, porque la civilización no es sino el desarrollo de nuestra naturaleza, es decir, el cumplimiento de nuestro fin (definición dada por Guizot). Civilizarnos, mejorarnos, perfeccionarnos, según nuestras necesidades y nuestros medios: he aquí nuestros destinos nacionales que se resumen en esta fórmula: —Progreso...

¿Qué tenemos, pues, que hacer, para resolver el problema de nuestra civilización? Descomponerlo, dividirlo; y resolverlo en cada uno de los problemas accesorios. ¿Cuáles son éstos? —He aquí los elementos de toda civilización.

Según esto, ¿qué filosofía es la que puede convenir a nuestra juventud? Una filosofía que por la forma de su enseñanza breve y corta, no la quite un tiempo que pudiera emplear con provecho en estudios de una aplicación productiva y útil, y que por su fondo sirve solo para iniciarla en el espíritu y tendencia que preside al desarrollo de las instituciones y gobiernos del siglo en que vivimos, y sobre todo del continente que habitamos.

Tal es nuestra misión respecto a la enseñanza que vamos a desempeñar en este establecimiento. Destinado este colegio en sus estudios preparatorios para formar los jóvenes para la vida social, es indispensable instruirlos en los principios que residen en la conciencia de nuestras sociedades. Estos principios están dados, son conocidos; no son otros que los que han sido propagados por la revolución y están consignados en las leyes fundamentales de estos países. Son varios, pero susceptibles de reducirse en solo dos principales: la libertad del hombre y la soberanía del pueblo. Aún podrían estos dos reducirse a uno: la libertad del hombre.

La libertad del hombre es el manantial de toda nuestra sociabilidad. A causa de que todos los hombres son libres, es que todos son iguales, y a causa de que todos tienen derecho a su dirección colectiva, es decir, todos tienen parte en la soberanía del pueblo.

Así, pues, libertad, igualdad, asociación, he aquí los grandes fundamentos de nuestra filosofía moral. Principios proclamados por los pueblos en América, por los cuales no necesitamos interrogar a la psicología, porque se tendría por un desacato el simple hecho de ponerlo en cuestión.

Se ve, pues, que nuestra filosofía por sus tendencias, aspira colocarse a la par de los pueblos de Sur América. Por sus miras será la expresión inteligente de las necesidades más vitales y más altas de estos países, será antirrevolucionaria en su espíritu, en el sentido que ella camina a sacarnos de la crisis en que vivimos; orgánica, en el sentido que se encaminará a la investigación de las condiciones del orden venidero; por último, vendrá a ser para la enumeración de los problemas y soluciones, un caudal de nociones de la primera importancia para el joven de las generaciones que están llamadas a realizar estas necesidades. De este modo la filosofía dejará de ser una estéril chicana, será lo que quieren que sea para la Francia, Jouffroy, Lerroux, Carnot, Lerminier y los más recientes órganos de la filosofía europea.

«Repitámoslo, para dar fin dice Touffroy; no comprendemos cómo tantas gentes de conciencia se arrojan en los negocios políticos y empujan y arrastran el carro de nuestra fortuna en un sentido y otro, no digo solamente antes de haber pensado en proponerse estas cuestiones, sino aun antes de haberlas agitado en sí mismas, y examinándolas con la madurez conveniente!... »

Es un deber de todo hombre de bien que por su posición o capacidad pueda influir sobre los asuntos de su país, de mezclarse en ellos; y es del deber de todos aquellos que toman una parte de ilustrarse sobre el sentido en que deben dirigir sus esfuerzos. Pero no se puede llegar a esto sino por el medio que hemos indicado, es decir, averiguando dónde está el país y dónde va; y examinando para descubrirlo, dónde va el mundo, y lo que puede el país en el destino de la humanidad.

Leído en el Colegio de Humanidades de Montevideo en 1842.

Libros a la carta

A la carta es un servicio especializado para
empresas,
librerías,
bibliotecas,
editoriales
y centros de enseñanza;
y permite confeccionar libros que, por su formato y concepción, sirven a los propósitos más específicos de estas instituciones.

Las empresas nos encargan ediciones personalizadas para marketing editorial o para regalos institucionales. Y los interesados solicitan, a título personal, ediciones antiguas, o no disponibles en el mercado; y las acompañan con notas y comentarios críticos.

Las ediciones tienen como apoyo un libro de estilo con todo tipo de referencias sobre los criterios de tratamiento tipográfico aplicados a nuestros libros que puede ser consultado en Linkgua-ediciones.com.

Linkgua edita por encargo diferentes versiones de una misma obra con distintos tratamientos ortotipográficos (actualizaciones de carácter divulgativo de un clásico, o versiones estrictamente fieles a la edición original de referencia).

Este servicio de ediciones a la carta le permitirá, si usted se dedica a la enseñanza, tener una forma de hacer pública su interpretación de un texto y, sobre una versión digitalizada «base», usted podrá introducir interpretaciones del texto fuente. Es un tópico que los profesores denuncien en clase los desmanes de una edición, o vayan comentando errores de interpretación de un texto y esta es una solución útil a esa necesidad del mundo académico.

Asimismo publicamos de manera sistemática, en un mismo catálogo, tesis doctorales y actas de congresos académicos, que son distribuidas a través de nuestra Web.

El servicio de «libros a la carta» funciona de dos formas.

1. Tenemos un fondo de libros digitalizados que usted puede personalizar en tiradas de al menos cinco ejemplares. Estas personalizaciones pueden ser de todo tipo: añadir notas de clase para uso de un grupo de estudiantes, introducir logos corporativos para uso con fines de marketing empresarial, etc. etc.

2. Buscamos libros descatalogados de otras editoriales y los reeditamos en tiradas cortas a petición de un cliente.

69305486R00016